אִגֶּרֶת

רַבִּי שִׁמְשׁוֹן
מֵאַסְטְרוֹפֹּלִיא

וְצוּקְלַה"ה הי"ד

סְגֻלָּה נִפְלָאָה לִקְרוֹת אוֹתָהּ בְּעֵת צָרָה,
וּבִפְרָט בְּעֶרֶב פֶּסַח, הַעְתָּקָה מִכִּתְבֵי
הַקֹּדֶשׁ שֶׁל הַמְקֻבָּל הָאֱלוֹקִי רַבֵּנוּ
שִׁמְשׁוֹן מֵאַסְטְרוֹפֹּלִיא זצ"ל הי"ד.

SimchatChaim.com

ידוע כי אין בר בלי תבן, כך אין ספר בלי טעויות, ועוד יודע אני כי דל ועני אני,
ואין עני אלא בדעה. לכן מבקש אני בכל לשון של בקשה אם יש לכל אחד
שאלות, הערות, הארות, תיקונים, נא לשלוח ל - book@simchatchaim.com
והשתדל לענות, ולתקן את הצריך תיקון.

בברכה והצלחה בלימוד התורה הקדושה

ובעיקר בפנימיות התורה, תורת רבינו שמשון הי"ד

ורפואה שלימה לכל חולי ישראל.

היב"ש

תֹּכֶן הַסֵּפֶר

עשׂ"ר מכו"ת שׁהב"א
שׂר"ע תמו"ך בשׂיה"א
שְׁלֹשָׁה רְקִיעִים
שֶׁל טֻמְאָה
רְקִיעַ הַשְּׁלִישִׁי
רָקִיעַ הַשֵּׁנִי
רְקִיעַ הָאֶחָד
בשׂיה"א
תמו"ך
שׂר"ע
עשׂר
מכות
שׁהביא

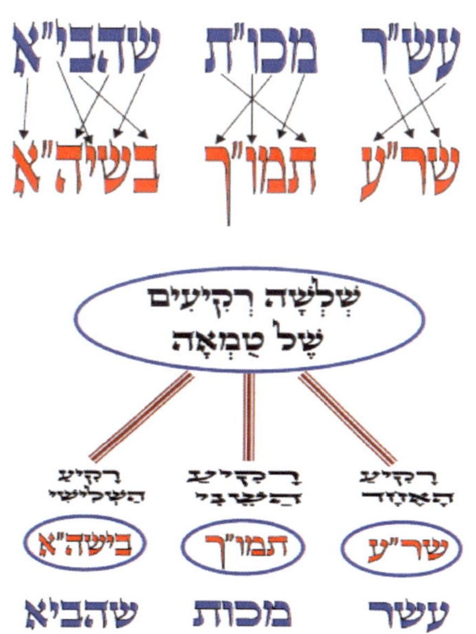

אִגֶּרֶת רַבִּי שִׁמְשׁוֹן מֵאוֹסְטְרוֹפּוֹלְיָא – הַקְדָּמָה

הָרַב הַקָּדוֹשׁ הַמְקֻבָּל הָאֱלֹקִי רַבִּי
שִׁמְשׁוֹן מֵאוֹסְטְרוֹפּוֹלִי

הָרַב שִׁמְשׁוֹן בֶּן פֶּסַח מֵאוֹסְטְרוֹפּוֹלִי הָיָה רַב וּמְקֻבָּל, נוֹלַד בְּקוֹרֶץ בְּווֹהְלִין בִּשְׁנַת ה'ש"ס (1600) בְּעֵרֶךְ, וְנִרְצַח בַּג' בְּאָב בְּעֵת פְּרָעוֹת גְּזֵרוֹת ת"ח 1648 בָּעִיר פּוֹלוֹנָה.

אִמּוֹ הָיְתָה בִּתּוֹ שֶׁל רַבִּי שִׁמְשׁוֹן בֶּן בְּצַלְאֵל לַיְוָוא, אֲחִי הַמַּהֲרַ"ל מִפְּרַאג.

רַבִּי שִׁמְשׁוֹן הוּא אֶחָד מִגְּדוֹלֵי הַמְחַדְּשִׁים בְּתוֹרַת הַקַּבָּלָה, שֶׁלֹּא עָסְקוּ רַק בְּפַרְשָׁנוּת לְדִבְרֵי קוֹדְמֵיהֶם אֶלָּא גַּם חִדְּשׁוּ חִדּוּשִׁים רַבִּים שֶׁאֵין לָהֶם מָקוֹר בְּסִפְרֵיהֶם שֶׁל מְקֻבָּלִים קְדוּמִים יוֹתֵר. הַחִדּוּשִׁים אֵלּוּ, לְדָבָרָיו, וְלְדִבְרֵי תַּלְמִידָיו, הֵם תּוֹצָאָה שֶׁל גִּלּוּיֵי מַגִּיד - מַלְאָךְ מִמְּרוֹם שֶׁגִּלָּה לוֹ סוֹדוֹת הַתּוֹרָה. כָּךְ מִתְדַּמֶּה רַבִּי שִׁמְשׁוֹן לְרַבִּי יִצְחָק סַגִּי נְהוֹר וְרַבֵּנוּ הָאֲרִ"י ז"ל שֶׁחִדְּשׁוּ אַף הֵם חִדּוּשִׁים רַבִּים בְּקַבָּלָה, עַל פִּי גִּלּוּי אֵלִיָּהוּ הַנָּבִיא.

רוֹב חִדּוּשָׁיו בְּקַבָּלָה כְּרוּכִים בְּגִימַטְרִיּוֹת. לְדֻגְמָה, מִסְפַּר הָאוֹתִיּוֹת בִּשְׁמוֹתֵיהֶם שֶׁל כָּל הָאָבוֹת אַבְרָהָם יִצְחָק יַעֲקֹב מִצַּד אֶחָד, וְשֶׁל כָּל הָאִמָּהוֹת שָׂרָה רִבְקָה רָחֵל לֵאָה מִצַּד שֵׁנִי, הוּא 13 י"ג, שֶׁהוּא מִסְפָּרָן שֶׁל י"ג מִדּוֹת שֶׁל רַחֲמִים.

גַּם הַגִּימַטְרִיָּה שֶׁל - אֶחָד הִיא 13, וְלְדָבָרָיו זֶה נוֹבֵעַ מִכָּךְ שֶׁהָאָבוֹת וְהָאִמָּהוֹת הָיוּ אֵלּוּ שֶׁהֵפִיצוּ בָּעוֹלָם אֶת יִחוּדוֹ שֶׁל ה', וְאִם מְחַבְּרִים אֶת מִסְפַּר הָאוֹתִיּוֹת שֶׁל הָאָבוֹת וְהָאִמָּהוֹת, יִהְיֶה הַמִּסְפָּר 26, שֶׁהוּא הַגִּימַטְרִיָּה שֶׁל הַשֵּׁם הַמְפֹרָשׁ – הֲוָי"ה.

בְּסְפָרָיו מוֹפִיעַ פְּעָמִים רַבּוֹת הַבִּטּוּי - וְהוּא רַחוּם יְכַפֵּר עָוֹן. בְּהַטָּיוֹת שׁוֹנוֹת, כַּאֲשֶׁר נִרְאֶה שֶׁמֵּחַד רָצָה לְגַלּוֹת אֶת סוֹדוֹת הַקַּבָּלָה, וּמֵאִידָךְ חָשַׁשׁ מִפְּנֵי סַכָּנוֹת, רוּחָנִיּוֹת כְּפִיזִיוֹת, הָעֲלוּלוֹת
לָבוֹא כְּתוֹצָאָה מִגִּלּוּי הַסּוֹדוֹת.

הָרַמְחָ"ל בְּדֶרֶךְ עֵץ חַיִּים מְסַפֵּר עַל רַבִּי שִׁמְשׁוֹן מֵאוֹסְטְרוֹפּוֹלִי שֶׁהִשְׁבִּיעַ אֶת הַסמ"א עַל הַגְּזֵרוֹת בת"ח ות"ט, וְנַעֲנָה שֶׁאִם יְבַטְּלוּ שַׁבָּת מִלָּה וְתוֹרָה יְבֻטְּלוּ הַגְּזֵרוֹת, וְעָנָה רַבִּי שִׁמְשׁוֹן שֶׁאוֹת אַחַת מֵהַתּוֹרָה לֹא תְּבֻטַּל. גְּזֵרוֹת הַהֲרִיגָה עַל קִדּוּשׁ הַשֵּׁם, וְאִסּוּר קִיּוּם מִצְווֹת שַׁבָּת, מִלָּה, וְתוֹרָה.

רַבִּי שִׁמְשׁוֹן חִבֵּר אִגֶּרֶת הַנֶּחְשֶׁבֶת כְּבַעֲלַת סְגֻלָּה בִּיְחוּד בְּעֶרֶב פֶּסַח וּלְפִי הַמָּסֹרֶת מִי שֶׁקּוֹרֵא אוֹתָהּ מֻבְטַחַת לוֹ שְׁמִירָה מִפֻּרְעָנִיּוֹת לְכָל הַשָּׁנָה. אִגֶּרֶת זוֹ נִדְפְּסָה בְּרַבּוֹת מֵהַמַּהֲדוּרוֹת הַמַּחְזוֹרִים

וְהַהַגָּדוֹת שֶׁל פֶּסַח. הָאִגֶּרֶת מְנֻסַּחַת כְּמִכְתָּב תְּשׁוּבָה לְרַבָּנִים שֶׁבִּקְּשׁוּ פֵּרוּשׁ לְמַאֲמָר סָתוּם הַמְּיֻחָס בְּאִגֶּרֶת לַאֲרִ"י. הַמַּאֲמָר עוֹסֵק בִּשְׁמוֹת הַמַּלְאָכִים שֶׁהֻפְקְדוּ עַל הַכָּאַת הַמִּצְרִיִּים בְּעֵשֶׂר מַכּוֹת מִצְרַיִם, וְעַל פִּי מַלְאָכִים אֵלּוּ הֵם הָאַחְרָאִים גַּם עַל גְּאֻלַּת יִשְׂרָאֵל בֶּעָתִיד. רַבִּי שִׁמְשׁוֹן מְבָאֵר בָּאִגֶּרֶת אֶת הַמַּאֲמָר עַל פִּי גִימַטְרִיָּה שֶׁל שְׁמוֹת הַמַּלְאָכִים. כְּמוֹ כֵן בֵּאֵר בָּאִגֶּרֶת עַל פִּי הַקַּבָּלָה אֶת הַסִּימָן דצַ"ךְ עדַ"שׁ בּאַחַ"ב

כִּשְׁלוֹשׁ וַחֲצִי שָׁנִים לִפְנֵי גְּזֵרוֹת תָּ"ח וְתָ"ט, גִּלָּה רַבֵּנוּ רַבִּי שִׁמְשׁוֹן לַגֶּלוּי מֵהַמַּגִּיד שֶׁהִתְגַּלָּה לוֹ, שֶׁהוֹדִיעַ לוֹ עַל הַגְּזֵרוֹת הַמְמַשְׁמְשׁוֹת לָבוֹא, וְהֵכִינוּ לְכָךְ. רַבִּי שִׁמְשׁוֹן עוֹרֵר בְּעִקְבוֹת כָּךְ אֶת הַסּוֹבְבִים אוֹתוֹ לָשׁוּב בִּתְשׁוּבָה, אַךְ תְּשׁוּבָתָם לֹא הוֹעִילָה לְבַטֵּל אֶת גְּזַר הַדִּין. וּבְחֹדֶשׁ אָב הָת"ח, בְּהִתְקָרֵב הַפּוֹרְעִים, אָסַף רַבִּי שִׁמְשׁוֹן אֶת בְּנֵי עִירוֹ לְבֵית הַכְּנֶסֶת וְעָסַק עִמָּם בִּתְפִלָּה, עַד שֶׁנֶּהֶרְגוּ עַל יְדֵי הַפּוֹרְעִים. בְּאַגָּדוֹת מְאֻחָרוֹת יוֹתֵר מְסֻפָּר אוֹדוֹת הַפֶּלֶא שֶׁהִתְרַחֵשׁ עִמּוֹ, כַּאֲשֶׁר לֹא הִרְגִּישׁ כְּלָל בְּעֵת שֶׁהָרְגוּ אוֹתוֹ. כָּךְ הוּא וּקְהִלָּתוֹ נֶהֶרְגוּ עַל קִדּוּשׁ הַשֵּׁם הי"ד.

וְכָךְ כָּתַב עָלָיו תַּלְמִידוֹ, רַבִּי נָתָן נְטַע הַנּוֹבֶר - וְהָיָה בְּתוֹכָם בְּקֶרֶב קְהִלַּת פּוֹלַנְאָה, אִישׁ אֶחָד חָכָם וְנָבוֹן וּמְקֻבָּל הָאֱלֹקִי וּשְׁמוֹ מוֹרֵנוּ הָרַב רַבִּי שִׁמְשׁוֹן מִקְּהִלַּת קֹדֶשׁ אוֹסְטְרוֹפּוֹלִי. וּבָא מַלְאָךְ הַמַּגִּיד אֵלָיו בְּכָל יוֹם וְלִמַּד עִמּוֹ סִתְרֵי תוֹרָה. וְעָשָׂה הַמְקֻבָּל הַנִּזְכָּר לְעֵיל פֵּרוּשׁ עַל הַזֹּהַר עַל פִּי קַבָּלַת מֵהָאֲרִ"י זַ"ל, וְלֹא זָכִינוּ שֶׁיָּבֹא לִדְפוּס. וְאָמַר לוֹ הַמַּגִּיד לְפִי הַגְּזֵרָה שֶׁיַּעֲשׂוּ תְּשׁוּבָה גְדוֹלָה שֶׁלֹּא יָבֹא כָּךְ הַגְּזֵרָה רָעָה. וְדָרַשׁ כַּמָּה פְּעָמִים בְּבֵית הַכְּנֶסֶת וְהִזְהִיר לָעָם שֶׁיַּעֲשׂוּ תְּשׁוּבָה עַל הַצָּרָה שֶׁלֹּא תָבוֹא, וְכֵן עָשׂוּ תְּשׁוּבָה גְדוֹלָה בְּכָל הַקְּהִלּוֹת וְלֹא הוֹעִילָה כִּי כְּבָר נֶחְתַּם הַגְּזֵרָה רָעָה. וְכַאֲשֶׁר בָּאוּ הָאוֹיְבִים וְצָרִים עַל הָעִיר נִכְנַס הַמְקֻבָּל הַנִּזְכָּר לְעֵיל לְבֵית הַכְּנֶסֶת, וְשָׁלֹשׁ מֵאוֹת בַּעֲלֵי בָתִּים עִמּוֹ, כֻּלָּם חֲכָמִים גְּדוֹלִים וְכֻלָּם מְלֻבָּשִׁים בְּתַכְרִיכִין וּבְטַלִּיתוֹת עַל רָאשֵׁיהֶם, וְעָסְקוּ בִּתְפִלָּה גְדוֹלָה עַד שֶׁבָּאוּ הָאוֹיְבִים לָעִיר וְנֶהֶרְגוּ שָׁם כֻּלָּם בְּבֵית הַכְּנֶסֶת עַל קִדּוּשׁ הַשֵּׁם הי"ד.

הֲרִיגָתוֹ עַל קִדּוּשׁ הַשֵּׁם מִמְּשָׁה אֶת רְצוֹנוֹ הָעַז לָמוּת בְּצוּרָה זוֹ, רָצוֹן הַבָּא לִידֵי בִּטּוּי בִּכְתָבָיו. גַּם שָׁם וּבְעִקָּר בְּאַגָּדוֹת מְאֻחָרוֹת יוֹתֵר, מְיֻחֶסֶת הַהֲרִיגָה זוֹ לַנֶּאֱמָר בַּמְּסֹרֶת עַל כָּךְ שֶׁמָּשִׁיחַ בֶּן יוֹסֵף עָתִיד לְהֵהָרֵג עַל קִדּוּשׁ הַשֵּׁם.

בְּסֵפֶר זֶה יֵשׁ אֶת הָאִגֶּרֶת בִּשְׁלֵמוּת בִּכְתָב סְתָ"ם וּמְנֻקֶּדֶת, וְכֵן אֶת כָּל הַתַּרְשִׁימִים לָאִגֶּרֶת.

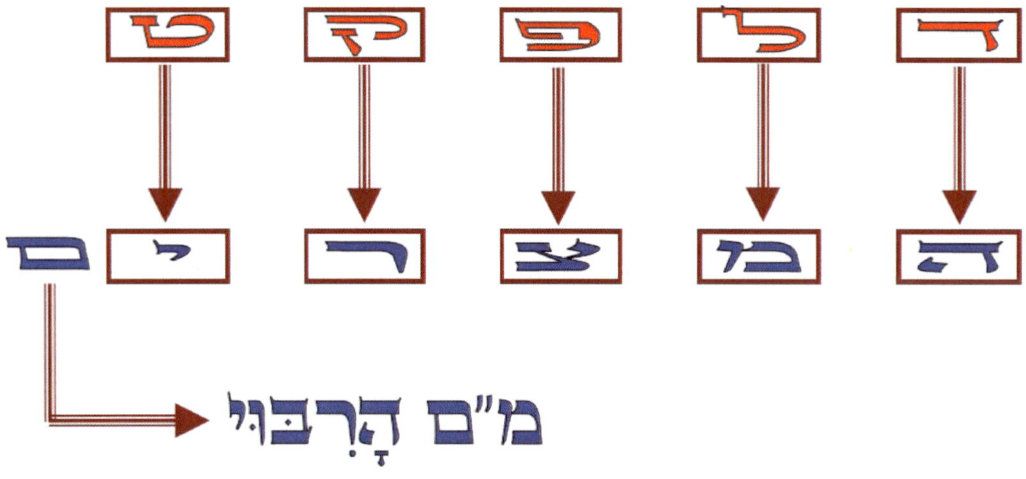

<u>**פרוש:**</u> האותיות שבאות לפני המילה המצרים הם אותיות דלפק"ט כאשר
האות - ם של המצרים לא נחשבת כי היא אות של ריבוי

אִגֶּרֶת רבי שמשון מאסטרופלייא

אִגֶּרֶת רַבִּי שִׁמְשׁוֹן מֵאַסְטְרוֹפְּלִיא הי"ד

סְגֻלָּה נִפְלָאָה לִקְרוֹת אוֹתָהּ בְּעֵת צָרָה, וּבִפְרָט בְּעֶרֶב פֶּסַח, הַעְתָּקָה מִכִּתְבֵי הַקֹּדֶשׁ שֶׁל הַמְקֻבָּל הָאֱלוֹקִי רַבֵּנוּ שִׁמְשׁוֹן מֵאַסְטְרוֹפְּלִיא זצ"ל הי"ד. [כָּל הַשֵּׁמוֹת שֶׁבְּטֶבַע אָדָם, אָסוּר לִקְרֹא אוֹתָם, אֶלָּא רַק לְהִסְתַּכֵּל עֲלֵיהֶם, הֵם שֵׁמוֹת שֶׁל טֻמְאָה וּמַלְאֲכֵי חַבָּלָה]. [הַשֵּׁמוֹת בְּצֶבַע כָּחֹל הֵם שֵׁמוֹת שֶׁל קְדֻשָּׁה, וְגַם צָרִיךְ רַק לְהִסְתַּכֵּל עֲלֵיהֶם].

כָּל הָאוֹמְרָהּ כָּל יוֹם לְאַחַר תְּפִלַּת שַׁחֲרִית יִזְכֶּה לִישׁוּעוֹת גְּדוֹלוֹת. [סֵפֶר שַׁעֲרֵי רַחֲמִים פֶּרֶק ט'].

סוֹד גָּדוֹל וְנוֹרָא, וְכָתוּב שָׁם שֶׁכָּל מִי שֶׁמְּעַיֵּן הַסוֹד הַנִּפְלָא וְהַנּוֹרָא הַזֶּה עַל מְכוֹנוֹ, אֲפִלּוּ פַּעַם אַחַת בְּשָׁנָה, וּבִפְרָט בְּעֶרֶב פֶּסַח, מֻבְטָחוֹ לוֹ שֶׁיִּנָּצֵל בְּאוֹתָהּ שָׁנָה מִכָּל מִכְשׁוֹל וּמִמִּיתָה מְשֻׁנָּה, וְשׁוּם אָדָם לֹא יִמְשֹׁל בּוֹ, וְכָל אוֹיְבָיו יִפְּלוּ תַּחְתָּיו, וְהוּא עַל בָּמוֹתֵימוֹ יִדְרֹךְ, וּבְכָל אֲשֶׁר יִפְנֶה יַצְלִיחַ וּבְכָל עֲסָקָיו יַרְוִיחַ, עַד בִּיאַת הַגּוֹאֵל אָמֵן סֶלָה.

שָׁלוֹם לְרַבְּנֵי אֶרֶץ, גּוֹדְרֵי גָדֵר וְעוֹמְדִים בַּפֶּרֶץ, יַצִּילֵם הוי"ה מִכִּלָּיוֹן וָזֶרֶץ, כּוֹלָם קְדוֹשִׁים אֲשֶׁר הֵמָּה בָּאָרֶץ, כָּל זֹד לְפוּם וְזוֹרְפֵיהּ מַקְשֶׁה וּמַתְרִץ, אָמֵן סֶלָה.

---

[1] **דברים ל"ג כ"ט** – אשריך ישראל מי כמוך עם נושע בהוי"ה מגן עזרך ואשר חרב גאותך ויכחשו איביך לך **ואתה על** במותימו תדרך.

<u>אִגֶּרֶת רַבִּי שִׁמְשׁוֹן מֵאַסְטְרוֹפָּלְיָיא</u>

בְּתַכְלִית הָעִנְיָן מַה שֶׁכָּתַב הָאֲרִ"י זַ"ל בַּקּוּנְטְרֵס שֶׁלּוֹ
הַנִּקְרָא פְּלָאוֹת רַבּוֹת בְּשַׁעַר הַנִּקְרָא יְצִיאַת מִצְרַיִם, פֶּרֶק
ג' דַּף מ"ב ע"א וְזֶה לְשׁוֹנוֹ:

הִנֵּה כְּבָר הוֹדַעְתִּיךָ שֶׁפַּרְעֹה נִלְקָה בְּמִצְרַיִם בְּעֶשֶׂר מַכּוֹת
אֵלּוּ עַל יְדֵי שְׁלֹשָׁה אֲלָפִים וּמָאתַיִם וּשְׁמוֹנִים מַלְאֲכֵי
חַבָּלָה, הַמְמֻנִּים בִּשְׁלֹשָׁה רְקִיעִים שֶׁל טֻמְאָה, הָאֶחָד
נִקְרָא שׁר"ע וְהַשֵּׁנִי נִקְרָא תמו"ך, וְהַשְּׁלִישִׁי נִקְרָא
בישה"א, וַעֲלֵיהֶם הַשַּׂר הַנִּקְרָא דלפק"ט, וַעֲלֵיהֶם וְעַל
כֻּלָּם הַשַּׂר הַנִּקְרָא תקי"א.

בְּרֵאשִׁית חֲזֵסֶר מִן הַשְּׁלִישִׁי עֲשָׂרָה, וְחֲזֵסֶר מִן הָרְבִיעִי
שִׁשָּׁה, וְחֲזֵסֶר מִן הַתְּשִׁיעִי שִׁשָּׁה כַּכָּתוּב.

וְהִנֵּה מַה שֶּׁלָּקוּ הַמִּצְרַיִים בְּמִצְרַיִם עֶשֶׂר מַכּוֹת, וְעַל הַיָּם
לָקוּ וַחֲמִשִּׁים מַכּוֹת, הַשֵּׁם שפ"ו שֶׁבּוֹ אָזַז דָּוִד בֶּן יִשַׁי,
וְהַשֵּׁם אָמַר וְהִכָּה. וּמִצַּד הַשֵּׁם תק"ל לָקוּ הַמִּצְרַיִים
בְּמִצְרַיִם אַרְבָּעִים מַכּוֹת, וְעַל הַיָּם לָקוּ מָאתַיִם מַכּוֹת,
וְהַשֵּׁם אָמַר וְהִכָּה. וּמִצַּד הַשֵּׁם אשצ"ה לָקוּ הַמִּצְרַיִים
בְּמִצְרַיִם וַחֲמִשִּׁים מַכּוֹת, וְעַל הַיָּם לָקוּ מָאתַיִם וַחֲמִשִּׁים
מַכּוֹת, וּבְמָה שֶׁהַקָּדוֹשׁ בָּרוּךְ הוּא מַכֶּה, בּוֹ מַרְפֵּא
הַגָּלוּת. מַה פֶּשַׁע וּמַה זֶּה חָטָאוּ, וּמָה הַמַּעַל אֲשֶׁר מָעֲלוּ

אִגֶּרֶת רַבִּי שִׁמְשׁוֹן מֵאוֹסְטְרוֹפָּלְיָא

אֲבוֹתֵינוּ, לִהְיוֹת בְּכוּר הַבַּרְזֶל הַזֶּה, עַד שֶׁגְּאָלָם בְּשֵׁמוֹת אֵלּוּ דע"ב צד"א כשׁזו"ב. עַד כָּאן לְשׁוֹן הָאֲרִ"י זַ"ל.

וְהִנֵּה מוֹרַי וְרַבּוֹתַי קְדוֹשֵׁי יִשְׂרָאֵל, הַדְּבָרִים הָאֵלֶּה פְּלָאִים הֵם, סְתוּמִים וַחֲתוּמִים סָגוּר וְאֵין פּוֹרֵשׁ אוֹתָם. וּכְבָר שְׁאָלוּנִי גְּדוֹלֵי יִשְׂרָאֵל לְבָאֵר לָהֶם דִּבְרֵי הָאֲרִ"י זַ"ל וְלֹא הִגַּדְתִּי. וּמִגֹּדֶל אַהֲבַת מוֹרַי וְרַבּוֹתַי אֲגַלֶּה רָז זֶה שֶׁנִּתְגַּלָּה לִי בַּחֲלוֹם חֶזְיוֹן לַיְלָה, וְעַכְשָׁיו אֲגַלֶּה הַדָּבָר בְּרֶמֶז לִפְנֵי כְּבוֹד תּוֹרָתוֹ, וְהוּא רְזֵיהֶם יְכַפֵּר.

וְזֹאת הָעִנְיָן, מַה שֶּׁכָּתַב הָאֲרִ"י זַ"ל שֶׁפַּרְעֹה נִלְקָה בְּמִצְרַיִם עֶשֶׂר מַכּוֹת וְכוּ, כַּוָּנָתוֹ כָּךְ. כִּי אָמְרוּ בַּעֲלֵי קַבָּלָה מַעֲשִׂית, שֶׁיֵּשׁ שְׁלֹשָׁה אֲלָפִים וּמָאתַיִם וּשְׁמוֹנִים מַלְאֲכֵי זַבָּלָה הַמְמֻנִּים לְהַכּוֹת אֶת הָרְשָׁעִים וּלְהַעֲנִישָׁם בְּגֵיהִנָּם וּלְטַהֲרָם מֵעֲוֹנוֹתֵיהֶם. וְעַל זֶה נֶאֱמַר – וּלְהַכּוֹת בְּאֶגְרֹף רֶשַׁע, כִּי אֶגְרֹף, רֶמֶז שְׁלֹשָׁה אֲלָפִים מָאתַיִם וּשְׁמוֹנִים, וְעַל יָדָם גַּם פַּרְעֹה הָרָשָׁע נִלְקָה. וְאוֹמֵר אֲנִי הַכּוֹתֵב שֶׁזֶּהוּ סוֹד נִפְלָא כַּאֲשֶׁר הוּא נִכְתַּב בְּמִנְיָן וּבְמִסְפָּר: דָּם. צְפַרְדֵּעַ. כִּנָּם. עָרֹב. דֶּבֶר. שְׁחִין. בָּרָד. אַרְבֶּה. חֹשֶׁךְ. מַכַּת בְּכוֹרוֹת.

<h1 style="text-align:center"><u>אִגֶּרֶת רַבִּי שִׁמְשׁוֹן מֵאוֹסְטְרוֹפּוֹלְיָיא</u></h1>

אֵלּוּ עֶשֶׂר מַכּוֹת כַּאֲשֶׁר כָּתַבְתִּי אוֹת בְּאוֹת, עוֹלִים שְׁלֹשָׁה אֲלָפִים וּמָאתַיִם וּשְׁמוֹנִים מַלְאֲכֵי חַבָּלָה, הַמְמֻנִּים לְטַהֵר אֶת הָרְשָׁעִים, וְהוּא פְּשַׁט נִפְלָא, עַיִן לֹא רָאָתָה.

וְהִנֵּה הַחֶשְׁבּוֹן מְכֻוָּן כַּאֲשֶׁר נִכְתַּב כְּנָם זְחֵסֶר יו"ד, גַּם עָרֹב זְחֵסֶר וא"ו. גַּם חֹשֶׁךְ זְחֵסֶר וא"ו. וְאָז הַחֶשְׁבּוֹן מַמָּשׁ, לֹא פָּחוֹת וְלֹא יוֹתֵר מִשְּׁלֹשָׁה אֲלָפִים וּמָאתַיִם וּשְׁמוֹנִים מַלְאֲכֵי חַבָּלָה, שֶׁמַּעֲנִישִׁין אֶת הָרְשָׁעִים. וְהַיְנוּ מַה שֶּׁכָּתַב הָאֲרִ"י ז"ל – כַּכָּתוּב, פֵּרוּשׁ כַּכָּתוּב בְּסֵפֶר תּוֹרָה, וְלֹא כַּאֲשֶׁר כָּתוּב בַּסִּדּוּרִים וּבְעַל הַהַגָּדָה, כִּי שָׁם נִכְתְּבוּ כֻּלָּם מְלֵאִים. אֶלָּא צָרִיךְ לִהְיוֹת זְחֵסֶר כְּמוֹ שֶׁכָּתוּב בְּסֵפֶר תּוֹרָה. וְגַם רַבִּי יְהוּדָה לֹא כָּתַב סִימָנִים כֻּלָּם רַק רָאשֵׁי תֵּבוֹת, דְּצַ"ךְ עַדַ"שׁ בְּאַחַ"ב, כְּמוֹ שֶׁכָּתַב הָרַב יִצְחָק אַבַּרְבְּנְאֵל וּכְמוֹ שֶׁכָּתַבְתִּי לְעֵיל.

וְהַיְנוּ מַה שֶּׁכָּתַב הָאֲרִ"י ז"ל – בְּרֵאשִׁית זְחֵסֶר מִן הַשְּׁלִישִׁי עֶשְׂרָה, פֵּרוּשׁ מַכָּה שְׁלִישִׁית שֶׁהִיא זְחֵסֶר יו"ד. מִן הָרְבִיעִי שִׁשָּׁה, שֶׁהִיא מַכַּת עָרֹב, גַּם זְחֵסֶר וא"ו. וְזְחֵסֶר מִן הַתְּשִׁיעִי שִׁשָּׁה, שֶׁהִיא מַכַּת חֹשֶׁךְ גַּם כֵּן זְחֵסֶר וא"ו. וּמַה שֶּׁאָמַר – כַּכָּתוּב, רוֹצֶה לוֹמַר שֶׁכֵּן כָּתוּב בְּסֵפֶר תּוֹרָה זְחֵסֶר, כַּנִּזְכָּר לְעֵיל.

אִגֶּרֶת רבי שמשון מאסטרופּלייא

וְזֶהוּ סוֹד – אֵלּוּ עֶשֶׂר מַכּוֹת שֶׁהֵבִיא הַקָּדוֹשׁ בָּרוּךְ הוּא בְּמִצְרַיִם, מִכָּאן מַמָּשׁ שְׁלֹשָׁה אֲלָפִים וּמָאתַיִם וּשְׁמוֹנִים מַלְאֲכֵי חַבָּלָה שֶׁהִכּוּ אֶת פַּרְעֹה וְאֶת הַמִּצְרַיִּים בְּמִצְרַיִם.

הַמְמֻנִּים בְּאֵלּוּ שְׁלֹשָׁה רְקִיעִים:

אֶחָד נִקְרָא שֹׂר"עַ.

וְאֶחָד נִקְרָא תְּמוּ"ךְ.

וְאֶחָד נִקְרָא בִּישָׁה"א.

גַּם בָּזֶה יֵשׁ סוֹד גָּדוֹל וְנִפְלָא, אֵלּוּ שְׁלֹשֶׁת אֲלָפִים וּמָאתַיִם וּשְׁמוֹנִים מַזִּזְנוֹת שֶׁהִכּוּ אֶת פַּרְעֹה וְאֶת הַמִּצְרַיִּים בְּמִצְרַיִם כָּאָמוּר, שֶׁמְמֻנִּים בְּאֵלּוּ שְׁלֹשָׁה רְקִיעִים שֶׁל טֻמְאָה, אָמַר לָנוּ הַכָּתוּב סוֹד נִפְלָא וְנוֹרָא, וְתִקֵּן הַמַּגִּיד כְּמוֹ שֶׁשָּׁנָה – אֵלּוּ עֶשֶׂר מַכּוֹת שֶׁהֵבִיא, שֶׁבְּאֵלּוּ שָׁלֹשׁ תֵּיבוֹת נִרְמָזִים הַשְּׁלֹשָׁה רְקִיעִים שֶׁל טֻמְאָה, וּשְׁלֹשֶׁת אֲלָפִים וּמָאתַיִם וּשְׁמוֹנִים מַלְאֲכֵי חַבָּלָה שֶׁהִכּוּ אֶת פַּרְעֹה וְאֶת הַמִּצְרַיִם בְּמִצְרַיִם, כְּמִנְיַן עֶשֶׂר מַכּוֹת. דְּהַיְנוּ:

עֶשֶׂ"ר אוֹתִיּוֹת שֹׂר"עַ.

מַכּוֹ"ת אוֹתִיּוֹת תְּמוּ"ךְ.

שֶׁהֵבִי"א אוֹתִיּוֹת בִּישָׁה"א.

<u>אִגֶּרֶת רַבִּי שִׁמְשׁוֹן מֵאַסְטְרוֹפָּלְיָא</u>

רֶמֶז לְאֵלּוּ שְׁלֹשָׁה רְקִיעִים שֶׁל טֻמְאָה שֶׁבָּהֶם יֵשׁ מְמֻנִּים כְּמִנְיָן שְׁלֹשָׁה אֲלָפִים וּמָאתַיִם וּשְׁמוֹנִים מַלְאֲכֵי חַבָּלָה מַמָּשׁ, כְּמִנְיַן עֶשֶׂר מַכּוֹת, דָּם צְפַרְדֵּעַ וְכוּ', וְהֵם שֶׁהִכּוּ אֶת פַּרְעֹה וְאֶת הַמִּצְרִיִּים בְּמִצְרַיִם, כִּי מַלְאֲכֵי חַבָּלָה מְמֻנִּים לְהַכּוֹת אֶת הָרְשָׁעִים לְטַהֲרָם מֵעֲוֹנוֹתֵיהֶם כָּאָמוּר. וְעַל יָדָן הִכָּה אֶת פַּרְעֹה וְאֶת הַמִּצְרִיִּים בְּמִצְרַיִם מִנְיַן עֶשֶׂר מַכּוֹת אֵלּוּ, וְהוּא פֶּלֶא גָּדוֹל.

וּמַה שֶּׁכָּתַב הָאֲרִ"י זַ"ל – וַעֲלֵיהֶם הַשַּׂר דֶּלְפַּקֵ"ט, כַּוָּנָתוֹ הוּא שֶׁשֵּׁם זֶה שָׁרְשׁוֹ יוֹצֵא מִמַּלַּת הַמִּצְרִים, וְהַיְנוּ שֶׁשְּׁלֹשָׁה רְקִיעִים הֵם – עֶשֶׂ"ר מַכּוֹ"ת שֶׁהֵבִי"א וּכְפֵרוּשׁ הַגָּאוֹן, וְנִמְשָׁךְ עַל הַמִּצְרִים שֶׁהוּא שֵׁם דֶּלְפַּקֵ"ט, בְּאוֹתִיּוֹת הַקּוֹדְמוֹת לְאוֹתִיּוֹת הַמִּצְרִים, וְהַמֵּ"ם אַחֲרוֹנָה הִיא מֵ"ם הָרַבּוּי וְאֵינָהּ מִן הַשֹּׁרֶשׁ, וְרָמַז לָזֶה הַמַּגִּיד בְּמַאֲמָר – אֵלּוּ עֶשֶׂר מַכּוֹת שֶׁהֵבִיא הַקָּדוֹשׁ בָּרוּךְ הוּא עַל הַמִּצְרִים בְּמִצְרַיִם, כְּלוֹמַר הָאוֹתִיּוֹת שֶׁהֵם קוֹדְמוֹת עַל אוֹתִיּוֹת הַמִּצְרִים.

וּמַה שֶּׁכָּתַב הָאֲרִ"י זַ"ל – וַעֲלֵיהֶם וְעַל כֻּלָּם הַשַּׂר הַנִּקְרָא תק"א, כַּוָּנָתוֹ כִּי רָאשֵׁי תֵּיבוֹת שֶׁל אֵלּוּ עֶשֶׂר מַכּוֹת, דְּצַ"ךְ עֲדַ"שׁ בְּאַחַ"ב, בְּגִימַטְרִיָּא תק"א, כְּמִנְיַן הַשַּׂר מַמָּשׁ, וּכְמִנְיַן אֲשֶׁר, וְזֶהוּ סוֹד כַּוָּנַת הַכָּתוּב בְּסֵדֶר בֹּא – וּלְמַעַן

אִגֶּרֶת רַבִּי שִׁמְשׁוֹן מֵאוֹסְטְרוֹפּוֹלְיָא

תְּסַפֵּר בְּאָזְנֵי בִנְךָ וּבֶן בִּנְךָ אֵת אֲשֶׁר הִתְעַלַּלְתִּי בְּמִצְרַיִם, אֲשֶׁר דַּיְקָא, שֶׁהוּא כְּמִסְפַּר תק"א, וְכַיּוֹצֵא בּוֹ הַרְבֵּה פְּסוּקִים אָלֶף, שֶׁמּוֹרִים עַל זֶה לְסוֹד אש"ר, כְּמִנְיַן רָאשֵׁי תֵּיבוֹת שֶׁל עֶשֶׂר מַכּוֹת כְּמוֹ שֶׁבֵּאַרְנוּ, וְיֵשׁ לָנוּ בָּזֶה סוֹדוֹת נִפְלָאִים. וּכְבוֹד אֱלֹהִי"ם הַסְתֵּר דָּבָר.

וּמַה שֶׁכָּתַב רַבֵּנוּ הָאֲרִ"י זַ"ל – הַשֵּׁם שפ"ו שֶׁבּוֹ אֲזַז אָזַז דָּוִד בֶּן יִשַּׁי, וְהַשֵּׁם אָמַר וְהִכָּה אוֹתָם בְּמִצְרַיִם עֶשֶׂר מַכּוֹת, וְעַל הַיָּם לָקוּ זֲחֲמִשִּׁים מַכּוֹת.

וְהַשֵּׁם תק"ל אָמַר וְהִכָּה אוֹתָם בְּמִצְרַיִם אַרְבָּעִים מַכּוֹת, וְעַל הַיָּם לָקוּ מָאתַיִם מַכּוֹת.

וְהַשֵּׁם אשצ"ה אָמַר וְהִכָּה אוֹתָם בְּמִצְרַיִם זֲחֲמִשִּׁים מַכּוֹת, וְעַל הַיָּם לָקוּ מָאתַיִם וַזֲחֲמִשִּׁים מַכּוֹת.

כַּוְּנָתוֹ לְסוֹד נִפְלָא וְנוֹרָא. פְּלֻגְתָּא דְּרַבִּי יוֹסֵי הַגְּלִילִי, וְרַבִּי אֱלִיעֶזֶר, וְרַבִּי עֲקִיבָא הַמֻּזְכָּר בַּהַגָּדָה. רַבִּי יוֹסֵי הַגְּלִילִי אוֹמֵר מִנַּיִן, וְרַבִּי אֱלִיעֶזֶר אוֹמֵר מִנַּיִן, וְרַבִּי עֲקִיבָא אוֹמֵר מִנַּיִן.

וְזֶהוּ שֶׁכָּתַב הָאֲרִ"י זַ"ל – וְהַשֵּׁם **שָׁפַ"ו** אָמַר וְהִכָּה אוֹתָם בְּמִצְרַיִם עֶשֶׂר מַכּוֹת, וְעַל הַיָּם לָקוּ חֲמִשִּׁים מַכּוֹת, רֶמֶז לְרַבִּי יוֹסֵי הַגְּלִילִי. כִּי רַבִּ"י יוֹסֵ"י הַגְּלִילִ"י בְּגִימַטְרִיָּא **שָׁפַ"ו**.

וּמַה שֶׁכָּתַב שֶׁבּוֹ אָחַז דָּוִד בֶּן יִשַׁי, רָמַז גַּם כֵּן, דָּוִ"ד בֶּ"ן יִשַׁ"י גִּימַטְרִיָּא שֵׁם **שָׁפַ"ו**. שֶׁבִּאוֹתוֹ הַשֵּׁם דַּוְקָא בָּא דָּוִד בֶּן יִשַׁי. וְרָמַז גַּם כֵּן מַה שֶׁכָּתַב בְּסֵפֶר סוֹדֵי רָזָא, שֶׁרַבִּי יוֹסֵי הַגְּלִילִי נִצּוֹץ דָּוִד בֶּן יִשַׁי.

וְזֶה הַשֵּׁם הִכָּה אוֹתָם. וּמִצַּד הַשֵּׁם **תַּקַ"ל** לָקוּ הַמִּצְרִים בְּמִצְרַיִם אַרְבָּעִים מַכּוֹת, וְעַל הַיָּם לָקוּ מָאתַיִם מַכּוֹת, רָמַז לְסוֹד רַבִּ"י אֱלִיעֶזֶ"ר בְּגִימַטְרִיָּא **תַּקַ"ל**, וְהַיְנוּ רַבִּי אֱלִיעֶזֶר אוֹמֵר, דַּוְקָא, שֶׁהוּא שֵׁם **תַּקַ"ל**, לָקוּ הַמִּצְרִיִּים בְּמִצְרַיִם אַרְבָּעִים מַכּוֹת, וְעַל הַיָּם לָקוּ מָאתַיִם מַכּוֹת.

וּמַה שֶׁכָּתַב הַשֵּׁם **אשצ"ה** לָקוּ בְּמִצְרַיִם חֲמִשִּׁים מַכּוֹת, וְעַל הַיָּם לָקוּ מָאתַיִם וַחֲמִשִּׁים מַכּוֹת, רָמַז לְסוֹד רַבִּ"י עֲקִיבָ"א, שֶׁהוּא בְּגִימַטְרִיָּא **אשצ"ה** עִם הַכּוֹלֵל, שֶׁהַשֵּׁם הַזֶּה אָמַר שֶׁיִּכּוּ הַמִּצְרִיִּים בְּמִצְרַיִם חֲמִשִּׁים מַכּוֹת, וְעַל הַיָּם לָקוּ מָאתַיִם וַחֲמִשִּׁים מַכּוֹת.

<u>אִגֶּרֶת רַבִּי שִׁמְשׁוֹן מֵאַסְטְרוֹפָּלִיָּא</u>

הֲרֵי מְרֻמָּזִים אֵלּוּ שְׁלֹשָׁה שֵׁמוֹת **שפ"ו תק"ל אשצ"ה** בְּאֵלּוּ הַשְּׁלֹשָׁה תְּנָאִים.

רַבִּי יוֹסֵי הַגְּלִילִי בְּגִימַטְרִיָּא **שפ"ו**, רַבִּי אֱלִיעֶ"ר בְּגִימַטְרִיָּא **תק"ל**, רַבִּי עֲקִיבָ"א בְּגִימַטְרִיָּא **אשצ"ה**, וְהוּא סוֹד נִפְלָא וְנוֹרָא. רָזָא דְּרָזִין. סִתְרָא דְּסִתְרִין. הַיְנוּ כַּאֲשֶׁר כָּתַבְתִּי לְמַעֲלַת כְּבוֹד תּוֹרָתוֹ, וְהוּא רְזוֹם יְכַפֵּר עָוֹן.

וּמַה שֶּׁכָּתַב רַבֵּנוּ הָאֲרִ"י זַ"ל – בַּמֶּה שֶׁהַקָּדוֹשׁ בָּרוּךְ הוּא מַכֶּה, בּוֹ מִרְפָּא הַגָּלוּת, מַה פָּשְׁעוּ מֶה זָטְאוּ אֲבוֹתֵינוּ וְכוּ, כַּוָּנָתוֹ בְּאֵלּוּ עֶשֶׂר מַכּוֹת שֶׁהֵם דצ"ך עד"ש באח"ב, נִרְמָזִים בְּאֵלּוּ אוֹתִיּוֹת סוֹד וְטַעַם יְרִידַת אֲבוֹתֵינוּ לְמִצְרַיִם, כְּמוֹ שֶׁכָּתַבְתִּי לְמַעֲלַת כְּבוֹד תּוֹרָתוֹ. וְהִנֵּה בְּאֵלּוּ הַמַּכּוֹת הִכָּה אוֹתָם, וַיִּרְפָּא אוֹתָנוּ הַקָּדוֹשׁ בָּרוּךְ הוּא, וְהִכָּה בָּהֶם מַכָּה רַבָּה אֶצְבַּע אֱלֹהִי"ם הִיא, וּמִן הַמַּכָּה עַצְמָהּ בָּאָה רְפוּאָה לְיִשְׂרָאֵל, שֶׁגְּאָלָם הַקָּדוֹשׁ בָּרוּךְ הוּא, וּכְמוֹ שֶׁכָּתַבְתִּי.

וּמַה שֶּׁכָּתַב – מַה פָּשְׁעוּ וְכוּ', רוֹצֶה לוֹמַר בְּאֵלּוּ הַמַּכּוֹת נִרְמַז הַזּוֹטָא שֶׁל אֲבוֹתֵינוּ שֶׁגָּרַם יְרִידַת מִצְרַיִם. וְיֵשׁ לָנוּ סוֹד נִפְלָא וְנוֹרָא לְתָרֵץ קֻשְׁיָא זוֹ מַה שֶׁהִקְשׁוּ מַעֲלַת כְּבוֹד

אגרת רבי שמשון מאסטרופלייא

תּוֹרַתְכֶם עָלַי, אֲבָל גַּם זֶה נִיזָא כַּאֲשֶׁר כָּתַבְתִּי לְמַעְלַתְכֶם, נִפְלָאוֹת מִתּוֹרָתוֹ הַקְּדוֹשָׁה וְהַטְּהוֹרָה.

וּמַה שֶּׁכָּתַב הָאֲרִ"י זַ"ל – שֶׁהַקָּדוֹשׁ בָּרוּךְ הוּא גָּאַל אוֹתָנוּ בִּשְׁמוֹת אֵלּוּ דְּעַ"ב צַדַ"א כְשׂזוֹ"ב, כַּוָּנָתוֹ כִּי הָאוֹתִיּוֹת רִאשׁוֹנוֹת שֶׁל דְּצַ"ךְ עַדַ"שׁ בְּאַחַ"ב הֵם דְּעַ"ב, וְהָאוֹתִיּוֹת שְׁנִיּוֹת הֵם צַדַ"א, וְהָאוֹתִיּוֹת הָאַחֲרוֹנוֹת הֵם כְשׂזוֹ"ב, וְנִרְמָזִים בְּאֵלּוּ הַשְּׁלֹשָׁה שְׁמוֹת הָרְפוּאָה שֶׁרָפָא הַקָּדוֹשׁ בָּרוּךְ הוּא לְיִשְׂרָאֵל, שֶׁגָּאַל אוֹתָנוּ בָּהֶם, הֲרֵי בְּאוֹתָן הַמַּכּוֹת שֶׁהֻכּוּ בָּהֶם הַמִּצְרִיִּים, נִרְמָזִים הַגְּאֻלָּה וְהָרְפוּאָה לְיִשְׂרָאֵל.

וִיהָא רַעֲוָא לִפְנֵי הַקָּדוֹשׁ בָּרוּךְ הוּא שֶׁיִּרְאֵנוּ בִּיאַת מְשִׁיזֵנוּ בִּמְהֵרָה בְּיָמֵינוּ, עִם הַמַּלְאָכִים הַשַּׁיָּכִים לַגְּאֻלָּה, וִיקַיֵּם בָּנוּ מִקְרָא שֶׁכָּתוּב – כִּימֵי צֵאתְךָ מֵאֶרֶץ מִצְרַיִם אַרְאֶנּוּ נִפְלָאוֹת, אָמֵן נֵצַז סֶלָה.

הִנֵּה כְּבָר הִשְׁמַעְתִּיךְ שֶׁפַּרְעֹה נִלְקָה בְּעֶשֶׂר מַכּוֹת בְּמִצְרַיִם עַל יְדֵי שְׁלֹשָׁה אֲלָפִים וּמָאתַיִם שְׁמוֹנִים מַלְאֲכֵי חַבָּלָה הַמְמֻנִּים הַמְסַבְּבִים בִּשְׁלֹשָׁה רְקִיעִים שֶׁל טֻמְאָה,

הָאֶחָד נִקְרָא שר"ע,

וְהַשֵּׁנִי נִקְרָא תְּמוּ"ך,

וְהַשְּׁלִישִׁי נִקְרָא בִּישָׁה"א,

וַעֲלֵיהֶם הַשַּׂר הַנִּקְרָא דלפק"ט,

וְעַל כֻּלָּם הַשַּׂר הַנִּקְרָא תק"א,

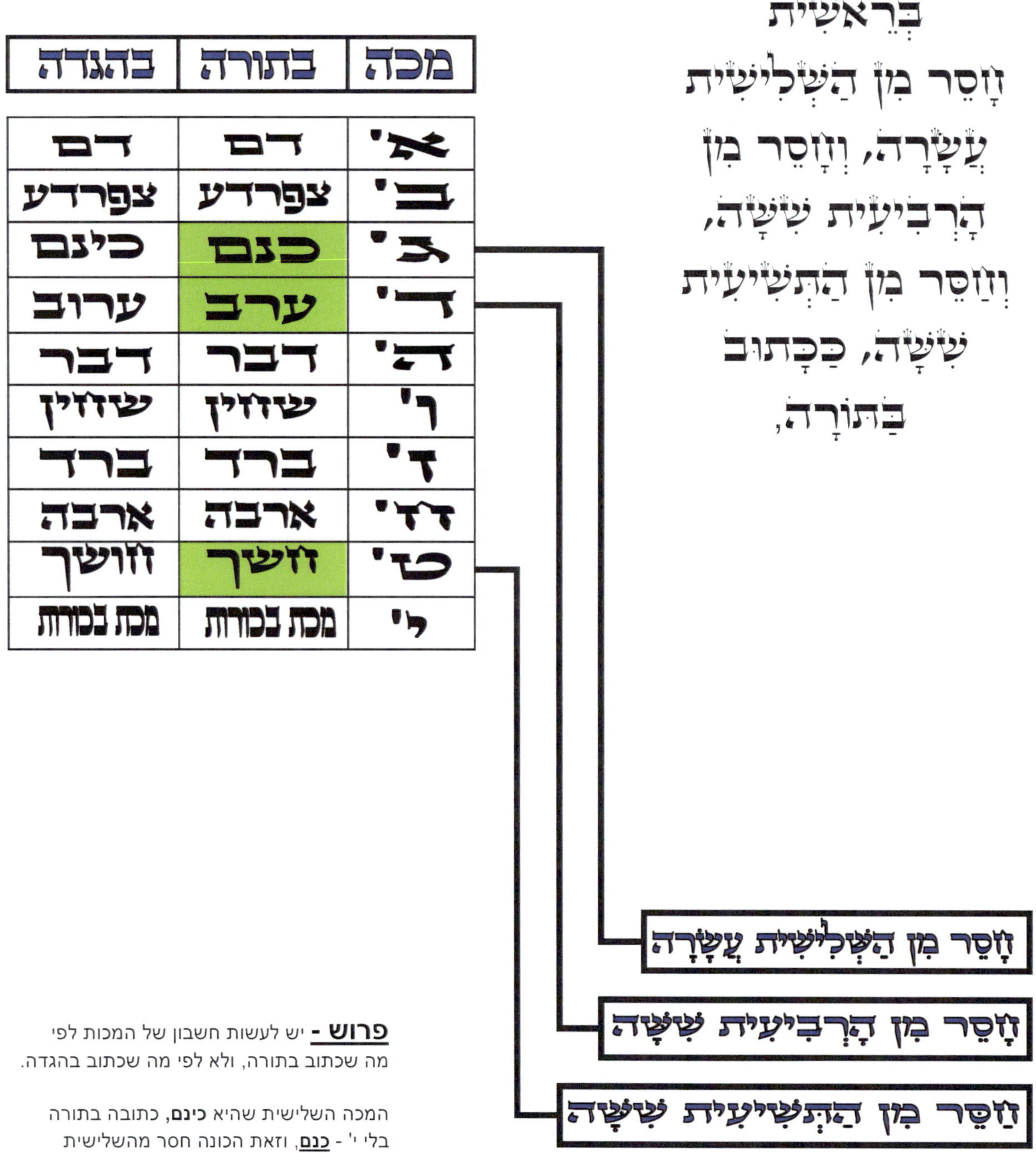

מכה	בתורה	בהגדה
א׳	דם	דם
ב׳	צפרדע	צפרדע
ג׳	כנם	כינם
ד׳	ערב	ערוב
ה׳	דבר	דבר
ו׳	שזזין	שזזין
ז׳	ברד	ברד
ח׳	ארבה	ארבה
ט׳	חשך	חושך
לי	מכת נכורות	מכת נכורות

פרוש - יש לעשות חשבון של המכות לפי
מה שכתוב בתורה, ולא לפי מה שכתוב בהגדה.

המכה השלישית שהיא **כינם**, כתובה בתורה
בלי י' - **כנם**, וזאת הכונה חסר מהשלישית
עשרה.

המכה הרביעית כתובה בהגדה **ערוב**, ובתורה
בלי ו' - **ערב**, וזאת הכונה חסר מהרביעית
שישה.

המכה התשיעית כתובה בהגדה **חושך**, וכתובה
בתורה בלי ו' - **חשך**, וזאת הכונה חסר
מהתשיעית שישה

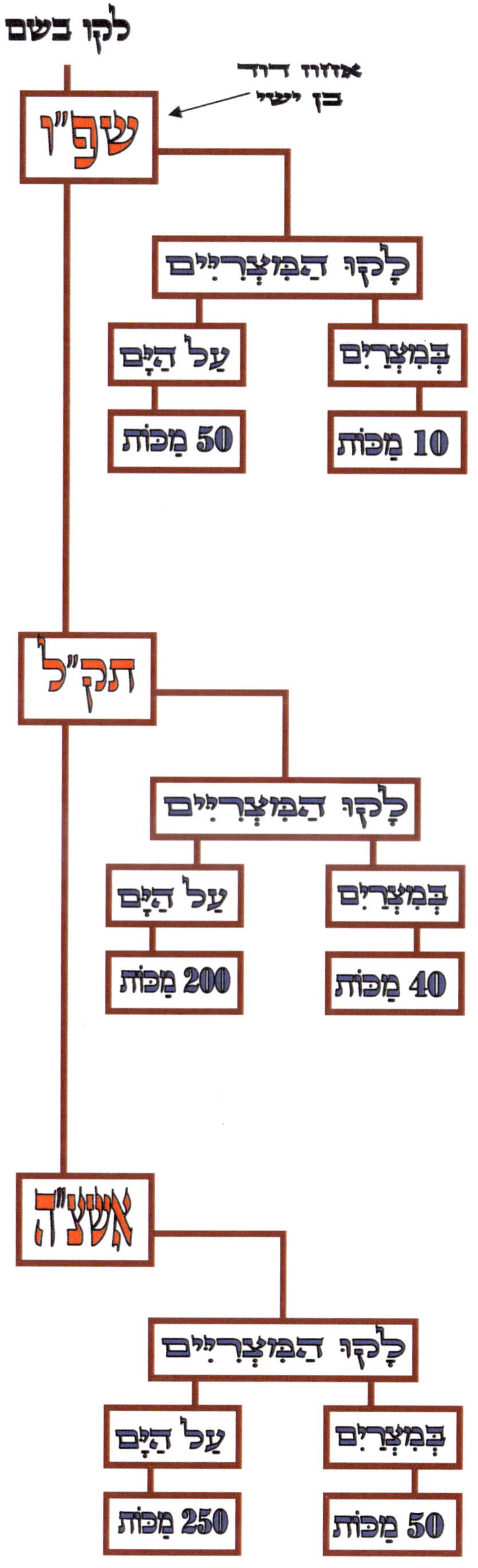

וְהִנֵּה מַה שֶּׁמָּצִינוּ שֶׁלָּקוּ הַמִּצְרִיִּים בְּמִצְרַיִם עֶשֶׂר מַכּוֹת וְעַל הַיָּם וַחֲמִשִּׁים מַכּוֹת, הַשֵּׁם שפ"ו שֶׁבּוֹ אִזוּז דָּוִד בֶּן יִשַׁי, וְהַשֵּׁם אָמַר וְהִכָּה, וּמִצַּד הַשֵּׁם תק"ל לָקוּ הַמִּצְרִיִּים בְּמִצְרַיִם אַרְבָּעִים מַכּוֹת וְעַל הַיָּם לָקוּ מָאתַיִם מַכּוֹת, אָמַר וְהִכָּה, וּמִצַּד הַשֵּׁם אשצ"ה לָקוּ הַמִּצְרִיִּים בְּמִצְרַיִם וַחֲמִשִּׁים מַכּוֹת וְעַל הַיָּם מָאתַיִם וַחֲמִשִּׁים מַכּוֹת, וְהַשֵּׁם אָמַר וְהִכָּה,

וּבַמֶּה שֶׁהַקָּדוֹשׁ בָּרוּךְ הוּא מַכֶּה בּוֹ מְרַפֵּא הַגָּלוּת, וּמַה פְּשָׁעוֹ וּמַה חֶטְאוֹ וּמַה הַמַּעַל אֲשֶׁר מָעֲלוּ אֲבוֹתָיו לִהְיוֹת בְּכוּר הַבַּרְזֶל עַד   שֶׁגְּאָלָם בַּשֵּׁמוֹת הַלָּלוּ דע"ב צד"א כשז"ב.

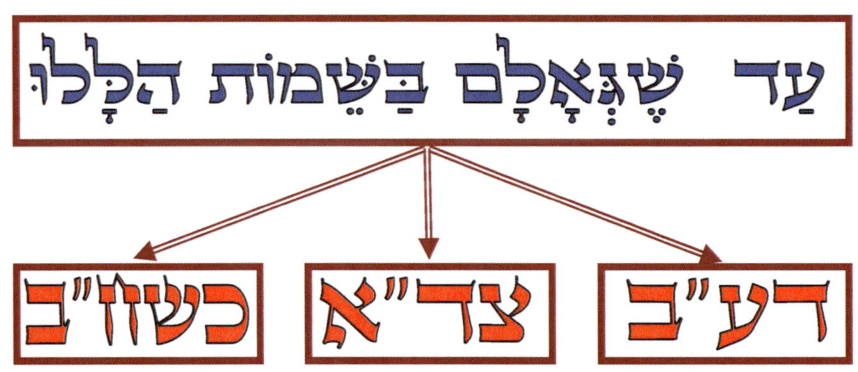

עַד כַּאן
לְשׁוֹן
הָאֲרִיזַ"ל
זִיעַ"א

הִנֵּה מוֹרֵנוּ וְרַבֵּנוּ קְדוֹשׁ יִשְׂרָאֵל כָּתַב, דְּבָרִים אֵלּוּ פְּלָאוֹת הֵם וּסְתוּמִים וַחֲתוּמִים סָגוּר וְאֵין פּוֹרֵשׁ אוֹתָם, וּכְבָר שְׁאֵלוּנִי גְּדוֹלֵי יִשְׂרָאֵל לְבָאֵר לָהֶם דִּבְרֵי הָאֲרִ"י זַ"ל וְלֹא הִגַּדְתִּי לָהֶם, וּמִגֹּדֶל אַהֲבָתוֹ מוֹרַי וְרַבּוֹתַי אֲגַלֶּה רָז זֶה שֶׁנִּתְגַּלָּה לִי בַּחֲלוֹם חֶזְיוֹן לַיְלָה, וְעַכְשָׁו אֲגַלֶּה הַדָּבָר בְּרֶמֶז לִפְנֵי כַּת"ר, וְהוּא רֲזוֹם יְכַפֵּר עָוֹן וְכוּ'.

וְזֹאת הָעִנְיָן: מַה שֶּׁכָּתַב הָאֲרִ"י זַ"ל, שֶׁפַּרְעֹה נִלְקָה בְּעֶשֶׂר מַכּוֹת וְכוּ', כַּוָּנָתוֹ כָּךְ – כִּי אָמְרוּ בַּעֲלֵי קַבָּלָה מַעֲשִׂית, שֶׁיֵּשׁ שְׁלֹשָׁה אֲלָפִים וּמָאתַיִם שְׁמוֹנִים מַלְאֲכֵי זֲבָלָה הַמְמֻנִּים לְהַכּוֹת הָרְשָׁעִים, וּלְהַעֲנִישָׁם בְּגֵיהִנָּם, וּלְטַהֲרָם מֵעֲווֹנוֹתֵיהֶם, וְעַל זֶה נֶאֱמַר:
"וּלְהַכּוֹת בְּאֶגְרֹף רֶשַׁע" (יְשַׁעְיָהוּ נ"ז, ד),
כִּי אֶ'גְ'רֹף רֶמֶז רָאשֵׁי תֵּבוֹת שְׁלֹשָׁה אֲלָפִים וּמָאתַיִם שְׁמוֹנִים, וְעַל יָדָם נִלְקָה גַּם פַּרְעֹה הָרָשָׁע וְהַמִּצְרִיִּים.

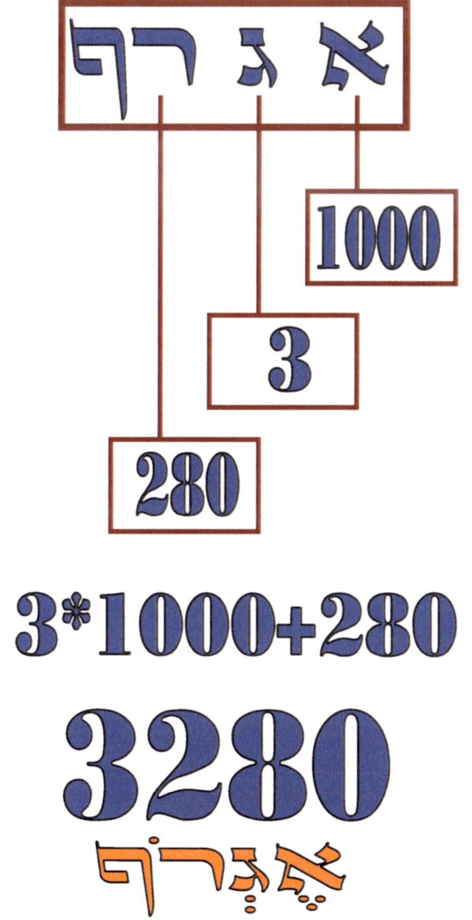

וְאוֹמֵר אֲנִי הַכּוֹתֵב שֶׁזֶּהוּ
סוֹד נִפְלָא כַּאֲשֶׁר הוּא
נִכְתָּב בְּמִנְיָן וּבְמִסְפָּר –
ד"ם, צְפַרְד"ע, כִנִ"ם,
עָרֹ"ב, דֶבֶ"ר, שְׁחִי"ן,
בָּרָ"ד, אַרְבֶּ"ה, חֹשֶׁ"ך,
מַכַּ"ת בְּכוֹרוֹ"ת,

גמטריה	בתורה	מכה
44	דם	א'
444	צפרדע	ב'
110	כנם	ג'
272	ערב	ד'
206	דבר	ה'
368	שחין	ו'
206	ברד	ז'
208	ארבה	ח'
328	חשך	ט'
1094	מכת בכורות	י'

סך הכל	3280

פרוש: הגמטריה של כל עשרת המכות כמו שהם
כתובים בתורה היא 3280
כמנין מספר מלאכי החבלה

כנם
חסר ל'

ערב
חסר ו'

חשך
חסר ו'

אֵלּוּ עֲשֶׂר מַכּוֹת כַּאֲשֶׁר כְּתַבְתִּים אוֹת
בְּאוֹת, עוֹלִים לְחֶשְׁבּוֹן שְׁלֹשָׁה אֲלָפִים
וּמָאתַיִם שְׁמוֹנִים מַלְאֲכֵי חַבָּלָה הַמְמֻנִּים
לְטַהֵר אֶת הָרְשָׁעִים   הוּא פְּשָׁט נִפְלָא
אֲשֶׁר עַיִן לֹא רָאַתָה.
וְהִנֵּה הַחֶשְׁבּוֹן מְכֻוָּן כַּאֲשֶׁר נַחְשֹׁב כנם
חָסֵר י', עָרֹב חָסֵר ו', חֹשֶׁךְ חָסֵר ו'.
וְאָז הַחֶשְׁבּוֹן מַמְשׁ לֹא פָּחוֹת וְלֹא יוֹתֵר
מִשְּׁלֹשָׁה אֲלָפִים וּמָאתַיִם שְׁמוֹנִים מַלְאֲכֵי
חַבָּלָה שֶׁמַּעֲנִישִׁים אֶת הָרְשָׁעִים.

וְהַיְינוּ מַה שֶּׁכָּתַב הָאֲרִ"י זַ"ל כַּכָּתוּב, פֵּרוּשׁ כַּכָּתוּב
בְּסֵפֶר תּוֹרָה, וְלֹא כַּאֲשֶׁר כָּתוּב בַּסִּדּוּרִים וּבְבַעַל הַהַגָּדָה,
כִּי שָׁם נִכְתְּבוּ כֻּלָּם מְלֵאִים.
אֵלֶּה צָרִיךְ לִהְיוֹת זַסֶר כְּמוֹ שֶׁכָּתוּב בְּסֵפֶר בַּתּוֹרָה.
וְגַם רַבִּי יְהוּדָה לֹא כָּתַב סִימָנִים כֻּלָּם רַק רָאשֵׁי תֵבוֹת:

דְּצַ"ךְ

עֲדַ"שׁ

בְּאַחַ"ב,

כְּמוֹ שֶׁכָּתַב הָרַב יִצְחָק אַבַּרְבַּנְאֵל וּכְמוֹ שֶׁנִּכְתַּב לְעֵיל.

וְהַיְינוּ מַה שֶׁכָּתַב הָאֲרִ"י זַ"ל בְּרֵאשִׁית חַזֵּר מִן הַשְׁלִישִׁית עֲשָׂרָה, פֵּרוּשׁ מַכָּה שְׁלִישִׁית שֶׁהִיא כִנָּם חַזֵּר יוֹ"ד, מִן הָרְבִיעִי שִׁשָּׁה, שֶׁהִיא עָרֹב גַּם כֵּן חַזֵּר וָא"ו, וְחַזֵּר מִן הַתְּשִׁיעִי שִׁשָּׁה, שֶׁהִיא מַכַּת חֹשֶׁךְ גַּם כֵּן חַזֵּר וָא"ו.

וּמַה שֶׁאָמַר כַּכָּתוּב רוֹצֶה לוֹמַר שֶׁכֵּן כָּתוּב בְּסֵפֶר בַּתוֹרָה חַזֵּר לְעֵיל.

וְזֶהוּ סוֹד אֵלּוּ עֶשֶׂר מַכּוֹת שֶׁהֵבִיא הַקָּדוֹשׁ בָּרוּךְ הוּא בְּמִצְרַיִם, מִכֵּן מַחְמֵשׁ מִשְׁלֹשָׁה אֲלָפִים וּמָאתַיִם שְׁמוֹנִים מַלְאֲכֵי חַבָּלָה שֶׁהִכּוּ אֶת פַּרְעֹה וְאֶת הַמִּצְרַיִים בְּמִצְרַיִם, הַמְמֻנִּים בְּאֵלּוּ שְׁלֹשָׁה רְקִיעִים.

אֶחָד נִקְרָא שֶׁר"ע

וְאֶחָד נִקְרָא תְּמוּ"ךְ

וְאֶחָד נִקְרָא בִישָׁ"א

גַּם בָּזֶה יֵשׁ לָנוּ סוֹד גָּדוֹל וְנִפְלָא, אֵלּוּ שְׁלֹשָׁה אֲלָפִים וּמָאתַיִם שְׁמוֹנִים מַזִּזְנוֹת שֶׁהִכּוּ אֶת פַּרְעֹה וְאֶת הַמִּצְרַיִים בְּמִצְרַיִם כָּאָמוּר, שֶׁמְּמֻנִּים בְּאֵלּוּ שְׁלֹשָׁה רְקִיעִים שֶׁל טֻמְאָה.

אָמַר לָנוּ הַכָּתוּב סוֹד נִפְלָא וְנוֹרָא, וְתִקֵּן הַמַּגִּיד כְּמוֹ שֶׁשָּׁנָה: אֵלּוּ עֶשֶׂר מַכּוֹת שֶׁהֵבִיא שֶׁבָּאֵלּוּ שָׁלֹשׁ תֵּבוֹת נִרְמָזִים הַשְּׁלֹשָׁה רְקִיעִים שֶׁל טֻמְאָה, וּשְׁלֹשָׁה אֲלָפִים וּמָאתַיִם שְׁמוֹנִים מַלְאֲכֵי זַבּוּלָה שֶׁהִכּוּ אֶת פַּרְעֹה וְאֶת הַמִּצְרִיִּים בְּמִצְרַיִם כְּמִנְיַן עֶשֶׂר מַכּוֹת.

דְּהַיְינוּ

עֶשֶׂ"ר הֵם אוֹתִיּוֹת שֶׂרַ"ע,

מַכּוֹ"ת אוֹתִיּוֹת תְּמוּ"ךְ,

שֶׁהֵבִי"א אוֹתִיּוֹת בְּשֵׂיהַ"א.

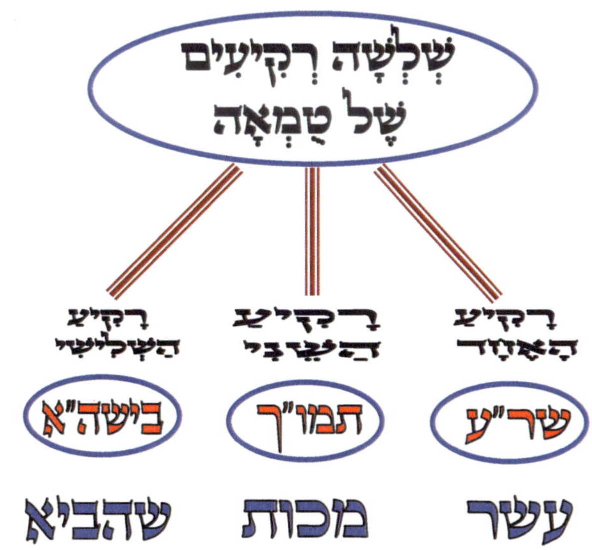

רֶמֶז לְאֵלּוּ שְׁלֹשָׁה רְקִיעִים שֶׁל טֻמְאָה, שֶׁבָּהֶם יֵשׁ מְמֻנִּים כְּמִנְיַן שְׁלֹשָׁה אֲלָפִים וּמָאתַיִם שְׁמוֹנִים מַלְאֲכֵי זַבּוּלָה מַמָּשׁ. כְּמִנְיַן עֶשֶׂר מַכּוֹת דָּם צְפַרְדֵּעַ וְכוּלֵי.

וְהֵם שֶׁהִכּוּ אֶת פַּרְעֹה וְאֶת הַמִּצְרִיִּים בְּמִצְרַיִם מִנְיַן עֶשֶׂר מַכּוֹת. כִּי מַלְאֲכֵי זַבּוּלָה מְמֻנִּים לְהַכּוֹת אֶת הָרְשָׁעִים לְטַהֲרָם מֵעֲוֹנוֹתֵיהֶם כָּאָמוּר, וְעַל יָדָן הֻכָּה אֶת פַּרְעֹה וְאֶת הַמִּצְרִיִּים בְּמִצְרַיִם מִנְיַן עֶשֶׂר מַכּוֹת אֵלּוּ, וְהוּא פֶּלֶא גָּדוֹל.

וּמַה שֶּׁכָּתַב הָאֲרִ"י ז"ל וַעֲלֵיהֶם הַשַּׂר הַנִּקְרָא
דְלפָק"ט, כַּוָּנָתוֹ הוּא שֶׁשֵּׁם זֶה שָׁרְשׁוֹ יוֹצֵא מִמִּלַּת
הַמִּצְרִים, בָּאוֹתִיּוֹת הַקּוֹדְמוֹת לְאוֹתִיּוֹת הַמִּצְרִים,
שְׁלֹשָׁה רְקִיעִים הֵם עֲשָׂ"ר מכו"ת שֶׁהֱבִי"א, וּכְפֵרוּשׁ
הַגָּאוֹן. וְנִמְשָׁךְ עַל הַמִּצְרִים שֶׁהוּא שֵׁם דְלפָק"ט
בָּאוֹתִיּוֹת הַקּוֹדְמוֹת לְאוֹתִיּוֹת הַמִּצְרִים, וְהַמִּ"ם אַחֲרוֹנָה
שֶׁל הַמִּצְרִים, הִיא מִ"ם הָרַבּוּי וְאֵינָהּ מִן הַשֹּׁרֶשׁ.
וְרִמַּז לָזֶה הַמַּגִּיד בְּאָמְרוֹ עֲשָׂ"ר מכו"ת שֶׁהֱבִי"א אֵלּוּ
עֶשֶׂר מַכּוֹת שֶׁהֵבִיא הַקָּדוֹשׁ בָּרוּךְ הוּא עַל הַמִּצְרִים
בְּמִצְרַיִם, כְּלוֹמַר הָאוֹתִיּוֹת שֶׁהֵם קוֹדְמוֹת עַל אוֹתִיּוֹת
הַמִּצְרִים.

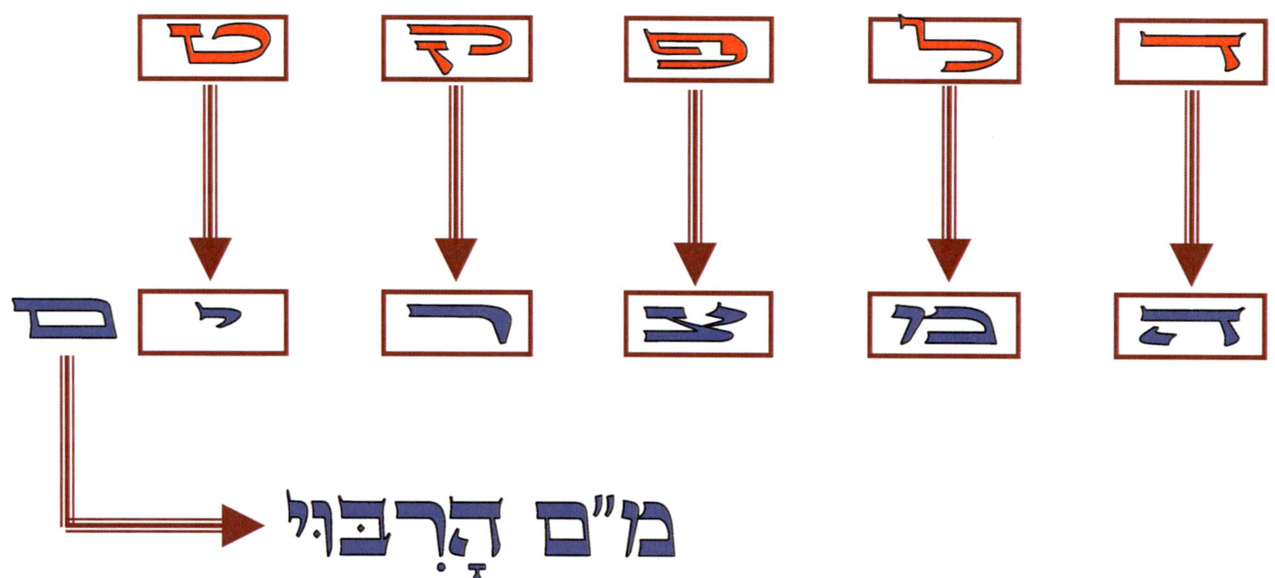

וּמַה שֶּׁכָּתַב הָאֲרִ"י ז"ל וַעֲלֵיהֶם וְעַל כֻּלָּם הַשַּׁר הַנִּקְרָא
תקק"א, כַּוָּנָתוֹ כִּי כַּאֲשֶׁר רָאשֵׁי תֵּבוֹת שֶׁל אֵלּוּ עֶשֶׂר
מַכּוֹת דְּצַ"ךְ עֲדַ"שׁ בְּאַחַ"ב, בְּגִ' תקק"א כְּמִנְיָן הַשַּׁר מַבּוֹעַ,
וּכְמִנְיָן אַשַׁ"ר, וְזֶהוּ סוֹד כַּוָּנַת הַכָּתוּב בְּסֵדֶר בָּא, "לְמַעַן
תְּסַפֵּר בְּאָזְנֵי בִּנְךָ וּבֶן בִּנְךָ אֵת אֲשֶׁר הִתְעַלַּלְתִּי בְּמִצְרַיִם".
אֲשֶׁר דַּיְקָא שֶׁהוּא כְּמִסְפָּר תקק"א, וְכַיּוֹצֵא בּוֹ הַרְבֵּה
פְּסוּקִים אֶלֶף שְׁמוּרִין עַל זֶה לְסוֹד אַשַׁ"ר כְּמִנְיָן רָאשֵׁי
תֵּבוֹת שֶׁל הָעֶשֶׂר מַכּוֹת כְּמוֹ שֶׁבֵּאַרְנוּ, וְיֵשׁ לָנוּ בָּזֶה
סוֹדוֹת נִפְלָאִים וּכְבוֹד אֱלֹהִים הַסְתֵּר דָּבָר.

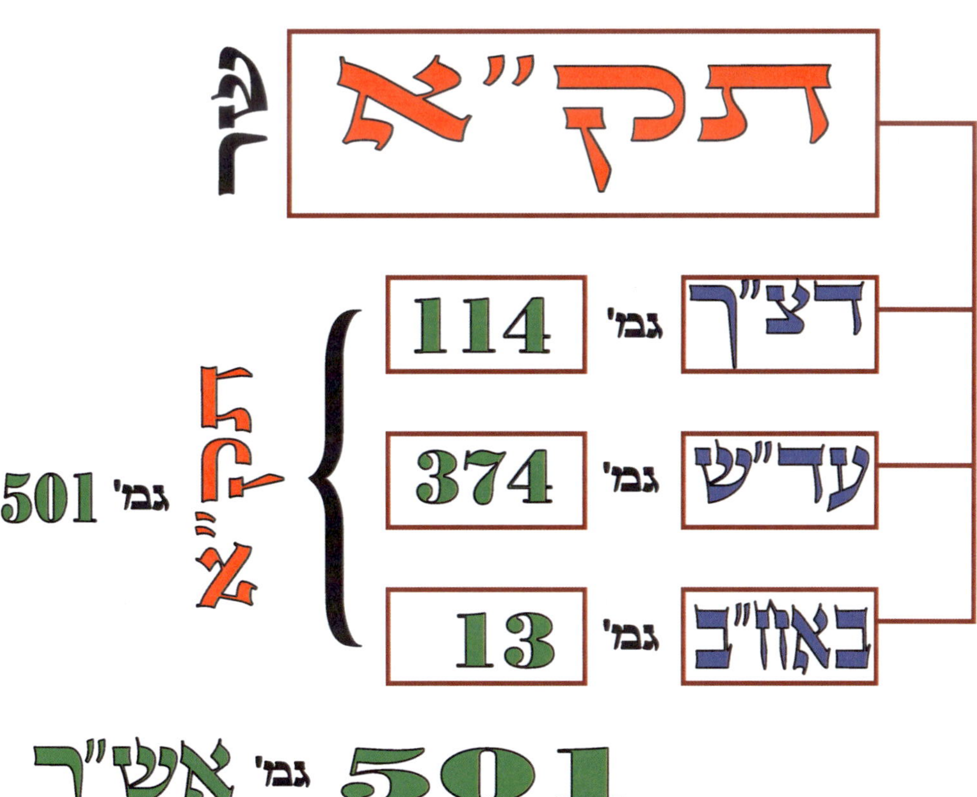

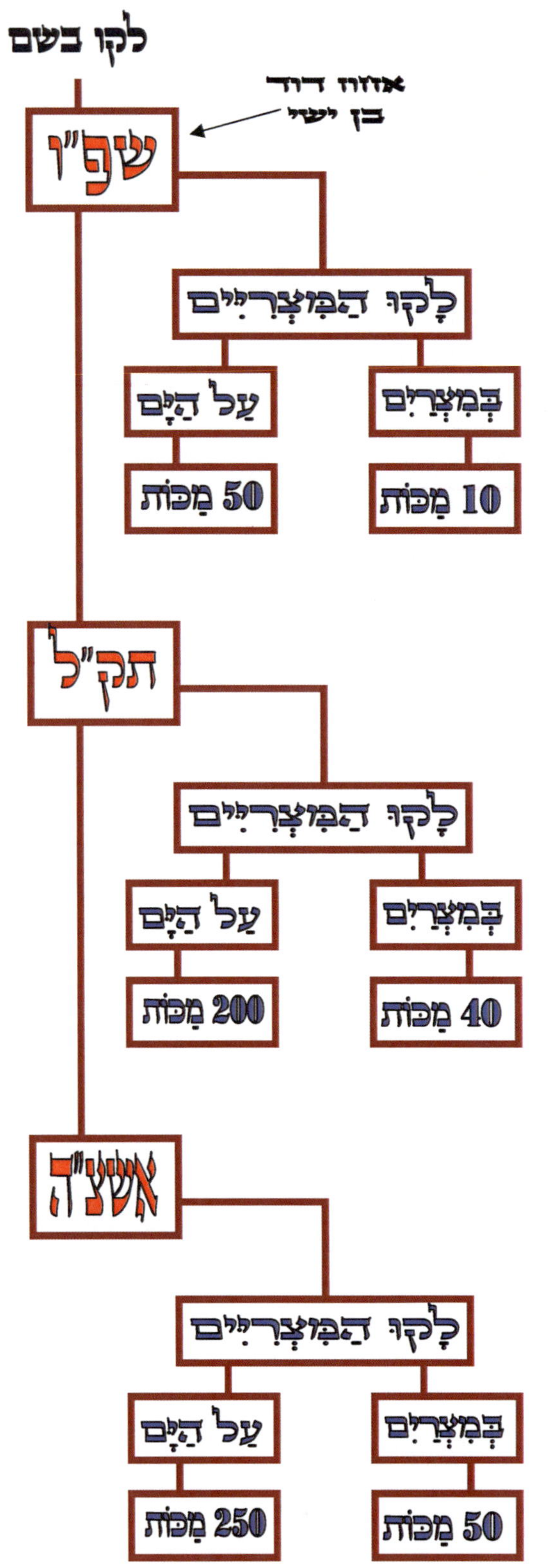

וּמַה שֶּׁכָּתַב רַבֵּינוּ הָאֲרִ"י
זַ"ל מִצַּד הַשֵּׁם שפ"ו שֶׁבּוֹ
אַזוּז דָּוִד בֶּן יִשַׁי, וְהַשֵּׁם
אָמַר וְהִכָּה אוֹתָם בְּמִצְרַים
עֶשֶׂר מַכּוֹת, וְעַל הַיָּם לָקוּ
וְחֲמִישִׁים מַכּוֹת.
וְהַשֵּׁם תק"ל אָמַר וְהִכָּה
אוֹתָם בְּמִצְרַים אַרְבָּעִים
מַכּוֹת וְעַל הַיָּם לָקוּ מָאתַיִם
מַכּוֹת,
וְהַשֵּׁם אשצ"ה אָמַר וְהִכָּה
אוֹתָם בְּמִצְרַים וְחֲמִישִׁים
מַכּוֹת, וְעַל הַיָּם לָקוּ
מָאתַיִם וְחֲמִישִׁים מַכּוֹת.

כַּוָּנָתוֹ לְסוֹד נִפְלָא וְנוֹרָא
פְּלוּגְתָּא דְּרַבִּי יוֹסֵי הַגְּלִילִי
וְרַבִּי אֱלִיעֶזֶר וְרַבִּי עֲקִיבָא,
הַמֻּזְכָּר בַּהַגָּדָה.

רִבִּי יוֹסִי הַגְּלִילִי אוֹמֵר מִנַּיִן, רִבִּי אֱלִיעֶזֶר אוֹמֵר מִנַּיִן, רַבִּי
עֲקִיבָא אוֹמֵר מִנַּיִן, וְזֶהוּ שֶׁכָּתַב הָאֲרִ"י זַ"ל, וְהַשֵּׁם שׁפֶּ"ו
אָמַר וְהִכָּה אוֹתָם בְּמִצְרַיִם עֶשֶׂר מַכּוֹת, וְעַל הַיָּם לָקוּ
וַחֲמִישִׁים מַכּוֹת, רֶמֶז לְרִבִּי יוֹסִי הַגְּלִילִי, כִּי רַבִּ"י יוֹסֵ"י
הַגְּלִילִ"י בְּגִמַטְרִיָּא שׁפֶּ"ו. וּמַה שֶּׁכָּתַב שֶׁבּוֹ אָזְווֹ דָּוִד בֶּן
יִשַׁי, רָמַז גַּם כֵּן דָּוִ"ד בֶּ"ן יִשַׁ"י גָמַטְרִיָּא שֵׁם שׁפֶּ"ו,
שֶׁבְּאוֹתוֹ הַשֵּׁם דַּוְקָא בָּא דָּוִד בֶּן יִשַׁי. וְרָמַז גַּם כֵּן מַה
שֶׁכָּתַב בְּסֵפֶר סוֹדֵי רָזָא שֶׁרַבִּי יוֹסֵי הַגְּלִילִי נִיצוֹץ דָּוִד בֶּן
יִשַׁי,

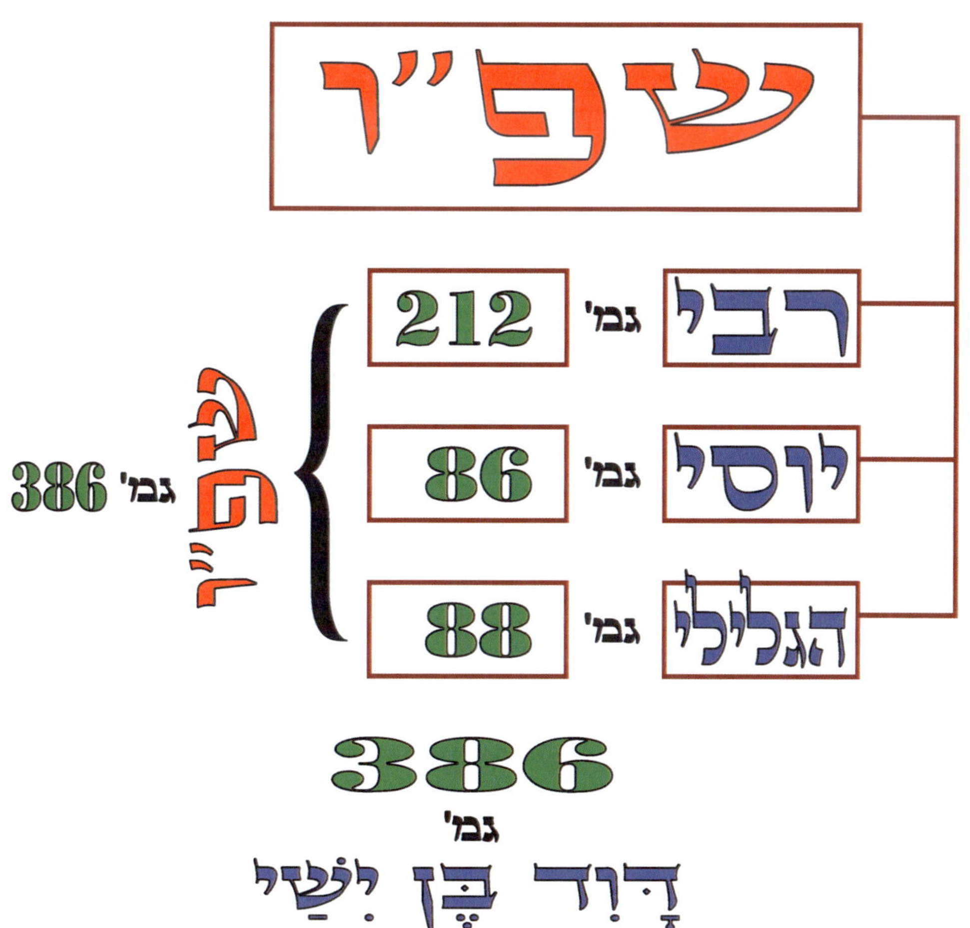

וּמִצַּד הַשֵׁם תק״ל לָקוּ בְּמִצְרַיִם בְּמִצְרַיִם אַרְבָּעִים מַכּוֹת וְעַל הַיָּם לָקוּ מָאתַיִם מַכּוֹת, רָמַז לְסוֹד רַבִּ״י אֱלִיעֶ״ר גְּמַטְרִיָּא תק״ל, וְהַיְנוּ רַבִּי אֱלִיעֶזֶר אוֹמֵר, דַּוְקָא שֶׁהוּא גְּמַטְרִיָּא הַשֵׁם תק״ל לָקוּ בְּמִצְרַיִם אַרְבָּעִים מַכּוֹת וְעַל הַיָּם לָקוּ מָאתַיִם מַכּוֹת.

וּמַה שֶּׁכָּתַב הַשֵּׁם אֶשצ"ה לָקוּ הַמִּצְרִיִּים בְּמִצְרַיִם

וַחֲמִישִׁים מַכּוֹת וְעַל הַיָּם לָקוּ מָאתַיִם וַחֲמִישִׁים מַכּוֹת,

רָמַז לְסוֹד רַבִּ"י עֲקִיבָ"א גִּמַטְרִיָא אֶשצ"ה עִם הַכּוֹלֵל,

שֶׁהַשֵּׁם הַזֶּה אָמַר שֶׁיִּכּוּ הַמִּצְרִים בְּמִצְרַיִם וַחֲמִישִׁים

מַכּוֹת וְעַל הַיָּם לָקוּ

מָאתַיִם וַחֲמִישִׁים מַכּוֹת.

הֲרֵי מְרֻמָּזִים אֵלּוּ שְׁלֹשָׁה שֵׁמוֹת
שפ"ו תק"ל אשצ"ה
בְּאֵלּוּ שְׁלֹשָׁה תַּנָּאִים

רַבִּי יוֹסֵי הַגְּלִילִי בְּגִמַטְרִיָּא שפ"ו,

רַבִּי אֱלִיעֶזֶר בְּגִמַטְרִיָּא תק"ל,

רַבִּי עֲקִיבָא בְּגִמַטְרִיָּא אשצ"ה.

וְזֶהוּ סוֹד נִפְלָא וְנוֹרָא, רָזִין דְּרָזִין סִתְרָא דְּסִתְרִין, הַיְנוּ כַּאֲשֶׁר כָּתַב לְמַעֲלַת כְּבוֹד תּוֹרָתוֹ. וְהוּא רזזום יְכַפֵּר עָוֹן.

וּמַה שֶּׁכָּתַב רַבֵּנוּ הָאֲרִ"י זַ"ל: "בְּמַה שֶׁהַקָּדוֹשׁ בָּרוּךְ הוּא מַכֶּה, בּוֹ מְרַפֵּא הַגָּלוּת, מַה פָּשְׁעוּ מַה חָטְאוּ אֲבוֹתֵינוּ" וְכוּ', כַּוָּנָתוֹ: בְּאֵלּוּ עֶשֶׂר מַכּוֹת שֶׁהֵם דְצַ"ךְ עַד"שׁ בְּאחַז"ב, נִרְמָזִים בְּאֵלּוּ אוֹתִיּוֹת סוֹד וְטַעַם יְרִידַת אֲבוֹתֵינוּ לְמִצְרַיִם, כְּמוֹ שֶׁכָּתַבְתִּי לְמַעֲלַת כְּבוֹד תּוֹרָתוֹ.

וְהִנֵּה בְּאֵלּוּ הַמַּכּוֹת הִכָּה אוֹתָם, וַיְרַפֵּא אוֹתָנוּ הַקָּדוֹשׁ בָּרוּךְ הוּא וְהִכָּה בָּהֶם מַכָּה רַבָּה אֶצְבַּע אֱלֹהִים הִיא, וּמִן הַמַּכָּה עַצְמָהּ בָּאָה רְפוּאָה לְיִשְׂרָאֵל, שֶׁגְּאָלָם הַקָּדוֹשׁ בָּרוּךְ הוּא, וּכְמוֹ שֶׁכָּתַבְתִּי.

וּמַה שֶּׁכָּתַב: "מַה פָּשְׁעוּ" וְכוּ', רוֹצֶה לוֹמַר: בְּאֵלּוּ הַמַּכּוֹת נִרְמְזוּ הַזֻּהֲמָא שֶׁל אֲבוֹתֵינוּ שֶׁגָּרַם יְרִידַת מִצְרַיִם. וְיֵשׁ לָנוּ סוֹד נִפְלָא וְנוֹרָא לְתָרֵץ קֻשְׁיָא זוֹ מַה שֶּׁהִקְשׁוּ מַעֲלַת כְּבוֹד תּוֹרָתָם עָלַי, אֲבָל גַּם זֶה נִיזוֹז כַּאֲשֶׁר כָּתַבְתִּי לְמַעֲלָתָם, נִפְלָאוֹת מִתּוֹרָתוֹ הַקְּדוֹשָׁה וְהַטְּהוֹרָה.

וּמַה שֶּׁכָּתַב הָאֲרִ"י זַ"ל: "שֶׁהַקָּדוֹשׁ בָּרוּךְ הוּא גָּאַל אוֹתָנוּ בִּשְׁמוֹת אֵלּוּ דְעַ"ב צַד"א כְשׁזז"ב", כַּוָּנָתוֹ כִּי הָאוֹתִיּוֹת רִאשׁוֹנוֹת שֶׁל דצָ"ךְ עַד"שׁ בַּאחֹ"ב הֵם דְעַ"ב, וְהָאוֹתִיּוֹת שְׁנִיּוֹת הֵם צַד"א, וְהָאוֹתִיּוֹת הָאַחֲרוֹנוֹת הֵם כְשׁזז"ב, וְנִרְמָזִים בְּאֵלּוּ הַשְּׁלֹשָׁה שְׁמוֹת הָרְפוּאָה שֶׁרָפָא הַקָּדוֹשׁ בָּרוּךְ הוּא לְיִשְׂרָאֵל, שֶׁגָּאַל אוֹתָנוּ בָּהֶם, הֲרֵי בְּאוֹתָן הַמַּכּוֹת שֶׁהִכּוּ בָּהֶם הַמִּצְרִיִּים, נִרְמָזִים הַגְּאֻלָּה וְהָרְפוּאָה לְיִשְׂרָאֵל.

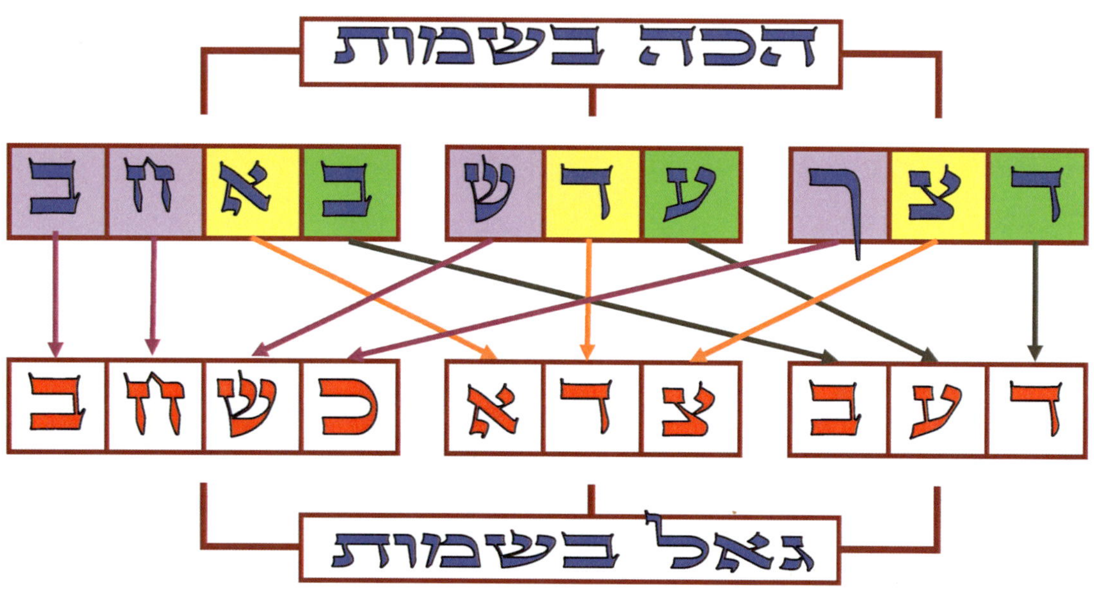

וִיהִי רָצוֹא לִפְנֵי הַקָּדוֹשׁ בָּרוּךְ הוּא שֶׁיְּרָאֵנוּ בִּיאַת מְשִׁיחֵנוּ בִּמְהֵרָה בְיָמֵינוּ, עִם הַמַּלְאָכִים הַשַּׁיָּכִים לַגְּאֻלָּה, וִיקַיֵּם בָּנוּ מִקְרָא שֶׁכָּתוּב: כִּימֵי צֵאתְךָ מֵאֶרֶץ מִצְרַיִם אַרְאֶנּוּ נִפְלָאוֹת, אָמֵן נֵצַז סֶלָה: